Marion Jana Goeritz

Seelenklänge

Bibliografische Information der Deutschen Nationalbibliothek:

Die Deutsche Nationalbibliothek verzeichnet diese Publikation in der Deutschen Nationalbibliografie; detaillierte bibliografische Daten sind im Internet über http://dnb.dnb.de abrufbar.

© 2016 Marion Jana Goeritz

Coverbild: Marion Jana Goeritz

Herstellung und Verlag: BoD – Books on Demand, Norderstedt

ISBN: 978-3-7392-3532-5

Herzlich Willkommen, liebe Leser,

Seelenklänge können so unterschiedlich sein, wie Tag und Nacht.
Hell wie ein schöner Morgen, oder grau wie ein Nebeltag.
Fühlen sich zwei Seelen einander sehr nah,, fühlen deren Menschen diese Klänge. Sie können uns liebevoll, aber auch verletzend begegnen. So machte ich meine Erfahrung.

Herzlichst
Marion Jana Goeritz

Meine Flugzeuge
fallen nicht vom Seelenhimmel
sie fliegen immer noch

Die einzigen Drogen
die ich einnehme
deine Gefühle und dich

Magische Momente
sie fallen vom Seelenhimmel
mitten ins Leben

Die Kreativität
meiner Seele
das Chaos
in meinem Kopf
schuld sind deine Gefühle

Der Himmel voller Geigen
mhmh
voller Flügel

Eine Träne
sie geht auf Reisen
mit so viel Gepäck
ganz leise
fühlt sie Schmerz
es war Liebe

Ich glaube
du fehlst mir
was ist das
das mit den Gefühlen
ohne dich

Der Freiheitsgedanke
reizt mich nicht mehr
wenn ich an dich denke

Der Lauf durchs Leben
manchmal
ein Gang zu schnell
manchmal
ein Schritt zu wenig

Schwarz weiße Bilder
manchmal
kamen sie wieder
ich habe sie
mit Zukunft angemalt
bunt und schön

und ich sage mir
fang von vorn an
doch tu ich das nicht jeden Tag

Manchmal
trug ich dein Gepäck
auf meiner Reise
es drückte mich
Wundstellen
sie heilten nicht ganz aus
Narben
erzählen heute noch
manchmal

Ich beruhige mich
eigentlich ist alles gut.
Glaube ich nicht
eigentlich
sagt etwas anderes
Vielleicht sollte ich
Glaube ich nicht
sonst hätte ich bereits

Tränen vor Glück
beide
schwimmen wir
im Glückstrom
allen davon
wir weinen so gern

Barfuss
durch dein Leben
ist mir zu leise

Auf meiner Suche
nach etwas
das ich längst hatte
lief ich in die Irre
auf diesem Weg
bist du mir begegnet
fremd und anders
und doch vertraut
Gefühle die nie gesät wurden
begannen zu wachsen
Flügelschlag auf Flügelschlag
doch sie waren gestutzt
über Nacht
durch deine Macht
einem Rausch von Magie
folgte Traurigkeit
es brauchte Zeit

um zu lernen
meinen Willen
habe ich abgelegt
doch werde ich das Gefühl
nicht los
du tust alles
das ich ihn wieder
von der Garderobe nehme
warum

Diamantengeflüster
für Manchen
zu klare Worte

Atme
an manchen Tagen
auch mehrmals durch

Sehnsucht
wohnt
in einem traurigen Blick
nur seine Seele
ist wohl ihr zu Haus

Seelenherz
aus dunkler Nacht
bist du gereist
durch tiefe Ozeane
bis hin zum Licht

Die Bühne im Kopf
Musik im Herzen
ein schönes Spiel

Er schreibt nicht
er hört zu
ich schreibe nicht
ich höre zu
manchmal
ich lerne noch
ich hoffe
er auch
wir schreiben uns

Eine rote Rose
ist eine Blume
dein Herz
ist eine Pracht

Im Schatten
eines langen Tages
suchte ich nach mir
es war zu dunkel
um zu erkennen
das da jemand ist
doch fühlte ich so viel

Kampf
im Kopf
Leben
im Herz
Sehnsucht
in der Seele

Der Regen tropft
auf Fensterglas
Tränenflüsse
reisen mit
was seine Seele
angespült

Im richtigen Moment
war ich nicht zu Haus
so fanden wir uns

Seelen wohnen in uns
mit wunderbaren Farben

Im Dunkeln der Nacht
erwachte
ein bunter Traum
er wird Wirklichkeit
wenn wir uns trauen

Den Gewinn deiner Seele
setzte ich
auf dich
der Gewinner
ist noch nicht bekannt

Preisgekrönte Liebe
doch
Geschmäcker sind bekanntlich
verschieden
ich weiß nicht mehr weiter

Unerwartet
Heftig
Leidenschaftlich
Überschwänglich
Beschenkt
Liebe
Ja ich will

Im Seelenfeuer
werden wir neu geboren

Immer wieder
warst du gegangen
immer wieder
hattest du mich gesucht
doch nie gefunden
nicht weil ich es nicht mochte
weil du nicht konntest

Flüsse schwemmten an
was ein anderer nicht brauchte
ich hob es auf
und fühlte Schmerz

Ein reiner Schmerz
ist ein Schmerz
war er da
fühlte ich seine Schwere
seine Last
so ging er verloren
die Liebe wurde neu geboren

Der fallende Himmel
im Sternenmeer ertrunken
ohne Wiederkehr

Rosawolken
erzählen vom Tag
war dein Auge
ihnen auch begegnet
ich sehe sie im Westen
erzählen sie von dir

Mit dir war es Liebe
und mit
dir ist es Liebe

Seelenaufstand
Tage
viel zu dunkel
Licht fehlt
ein Wort
eine Geste
würde helfen

Ein Atemzug
aus deiner Nähe
und ich weiß
ich blühe auf
ein Atemzug
aus seiner Nähe
und ich glaube
du blühst auf

Wenn ich mit dir
fühlend spreche
glaube ich
dass du mich hörst
doch verstehst du mich auch

Die Glut geschürt
immer wieder
Angst verbrennt
mein Herz befreit
und ich sing
auch meine Lieder
Seelensehnsuchtschmerz
wird frei
so weit weg bist du
so weit
manchmal fühl ich dich
ganz nah bei mir
hältst mich fest im Arm
bis dein Gefühl erfriert
und ich nur in der Erinnerung
Wärme find
warum tust du das

Eine alte Liebe
neu geboren
im Licht der Erinnerung
lässt sie mich Schwere fühlen
heute manchmal
Leichtigkeit
und ich glaube
ich könnte alles schaffen

Sehnsuchtsvoll
den Fang im Blick
es braucht viel Kraft
um ihn einzuholen

Die Sonnenstrahlen
spielen deine Lieder
im Mondlicht
such ich deinen Blick

Unsere Seelenlichter erhellen
unsere Tage
unsere Gefühle
sind echt

Angst
klein
so klein
wenn dein Gefühl
mich gefunden hat

Deine Seele schenkt
nur was meine Seele kann
und deine Seele
sie schenkt so viel

Gefühle der Einsamkeit
manchmal
fanden sie zu mir zurück
doch
ich erinnerte mich
an deiner Seele Worte
ich liebe dich

Wenn Ängste wachsen
wird die Liebe klein
sie zieht aus
nicht aus der Seele
aber aus dem Herzen
es braucht Vertrauen
um zu wachsen
Mut
um zu fühlen
Verständnis
um selbst zu verstehen
es braucht
ein wir
um zu lieben
um die Liebe zu fühlen
um sie zu leben

Seelenbegegnung
Gefühle außer Kontrolle
Wahnsinn !

Hingabe
an die Liebe
mit allem was man fühlt
verwundete Seelen
die Liebe ist stärker
immer und immer wieder
führt die Liebe

Im Feuer gefangen
Seelenschweiß auf der Haut
Liebeswellen schaukeln
bis Seelenhaut vibriert
Gefühle
durchströmen Raum und Zeit
Gefühle
nur unter der Haut
Seelenliebe

Den Halt verlieren
keine Gedanken kontrollieren
keine Gefühle verstecken
Seelennecken

Hoffnungsschimmer
berührte meine Seele
strömte in die Tiefe
brachte alte Ängste ans Licht
die Sonne nahm das Dunkel
ich fürchtete mich nicht

Gefühle
außer sich
kein Mann
viel Gefühl
wenig Geld
viel Liebe
nicht Verstehen
nur Lust
kein Verlangen
nur Wollen

Reißende Gefühle
befreiendes Erleben
lass mich fallen
in deine Gefühlswelt
sie bettet mich sacht
auf deine Seelenhaut

Auf meiner Seelenhaut
Spuren einer Nacht
sie wurden
in die Haut gebrannt
ich gebe auf mich acht

Seelenblick
Sehnsuchtsweit

Traurige Gefühle
nichts scheint leicht
Seelenliebe
nichts bleibt
so wie es ist
hoffnungsvolles Sein

Trostlosigkeit
in die Wüste geschickt
jeden Tag
ein wenig mehr
Seelenherz
schlägt wieder im Takt
neue Zeit

Vieles sollte ich nicht sagen
und doch
tat ich es
Herzriss
unsere Seelenliebe
lies es heilen
ich erwachte neu
in deinen Gefühlen

Meine Hoffnung nicht zerstört
ich fühle
da ist noch etwas
dein Gefühl
in meiner Seelentiefe

Dein Gesicht überall
keine Träumerei
Zeichen finden mich
lassen mich fühlen
mal so
und mal so

Seelenfaden gefunden
aufgenommen
und habe so lang gezogen
bis ich fühlte
was am anderen Ende war
deine Gefühle
tief
bunt
liebenswert
manchmal grantig
doch
es hatte nichts mit mir zu tun

Keine Angst
vor der Wahrheit
wie sie auch immer heißen wird
sie bringt uns
an unseren Platz
wo dieser
für jeden für uns
auch sein mag

Seelenschritte
gehen ins Leben
alles gut

Kuschelseele
hab dich lieb

Bleib deinen Gefühlen treu
oder vielleicht
musst du das erst lernen
richtig ist
was du fühlst
ich wünsche mir
dass du dich gut fühlst
sei mutig
dass es dir gelingt
wo dein Platz auch sein mag
ich fühle
ich mag dich sehr
ich fühle
ich liebe dich

Von Marion Jana Goeritz ebenfalls beim Verlag BoD erschienen (BoD Books on Demand, Norderstedt, nähere Informationen finden Sie unter www.BoD.de)

„Liebe für die Seele Band 1"
ISBN 978-3-7357-4045-8

„Liebe für die Seele Band 2"
ISBN 978-3-7357-7734-8

„Seelenweiß"
ISBN 978-3-7347-5769-3

„Seelen essen Liebe gern"
ISBN 978-3-7347-8706-5

„SeelenEngel" ein spiritueller Erfahrungsbericht
ISBN 978-3-7386-2588-2

„SeelenSchlüssel"
ISBH 978-3-7386-3844-8

„Seelenfarben"
ISBN 978-3-7386-3947-6

„Seelenschimmer"
ISBN 978-3-7386-4014-4

„Seelenfinden"
ISBN 978-3-7386-4037-3

„Ein Gefühl meiner Seele"
ISBN 978-3-7386-1506-7

„Seelenfrieden" Danken, Bitten, Entspannung
ein persönlicher Erfahrungsbericht
ISBN: 978-3-7386-4884-3

„Seelenweihnacht"
ISBN: 978-3-7386-5616-9

„Im Land unter dem Regenbogen" Wunderbare
Märchen und unglaubliche Geschichten
ISBN: 978-3-7392-0115-3

„Freddy und seine Geschichten"
ISBN: 978-3-7386-3321-4

„SeelenWorte"
ISBN: 978-3-7392-0455-0

„Herzanker"
ISBN: 978-3-7392-3482-3

„Im Fluss der Liebe"
ISBN: 978-3-7392-3489-2

Weitere Informationen zu Neuerscheinungen
finden Sie immer auf meiner Seite

www.buchkaleidoskop.Reikipraxis-Goeritz.de